AF156180

# CHRISTOPHER PETIT

# SOUFFRANCE

---

# POÈMES

# *Édition BOD*

*Ce recueil de poésie est dédié à mes parents, mes amis, mais également à vous très chers lecteurs.*

FSC
www.fsc.org

MIXTE

Papier issu
de sources
responsables
Paper from
responsible sources

FSC® C105338

# *PRÉFACE*

*Dans ce recueil, j'ai décidé d'aborder un thème particulier, celui de la souffrance.*
*En vérité, cela me poursuit depuis l'âge de 15 ans.*
*Aujourd'hui, ma tristesse et ma douleur deviennent de plus en plus grandes, il faut dire que la vie ne m'a pas épargné.*
*Tant de combats menés, pour finalement avoir cette sensation d'inachevée.*
*Parfois, je me dis que c'est le destin qui m'a conduit à cette noirceur de la vie.*
*J'ai souvent recherché une autre issue à ce mal-être, mais je ne l'ai jamais trouvé, peut-être que ma destinée est d'être seul...*

*Plus le temps passe, plus j'ai ce sentiment
d'abandon.
C'est vrai aujourd'hui, je me sens tellement
seul, livré à moi-même.
De temps en temps, je me demande encore
pourquoi je suis là quand tant de souffrances
me suivent chaque jour.
La maladie m'accompagne, la solitude me
tue à petit feu, la mort ne me fait pas peur.
J'ai appris que le temps était précieux,
aujourd'hui, c'est une confirmation.
La vie est un voyage à court terme, dont la
mort est une signature éternelle.*

*Chris*

# SOMMAIRE

*« Une souffrance dissimulée est une souffrance profonde que nul ne veut révéler tant ce mal vous détruit corps et âme. »*

# SEUL AU MONDE

*Aujourd'hui, je me sens seul au monde,*
*Rien ne va dans ma vie.*
*Un vide profond s'installe,*
*L'étincelle qui était en moi se consume petit*
*à petit,*
*Ainsi que cette envie et ce rêve qui me*
*guidaient par le passé.*
*Aujourd'hui, il ne me reste rien,*
*Hormis ce chemin de noirceur comme ultime*
*guide.*

*Bref, je suis seul au monde,*
*Livré à moi-même face à cette décision*
*inéluctable qui m'attend.*
*Tant de souffrances,*
*Tant de tristesses me ramènent à la dure*
*réalité de mon existence.*

*Plus le temps passe,*
*Plus le chemin s'obscurcit davantage,*
*Face à ses méandres me rongeant de*
*l'intérieur.*
*Mon cœur brûle de douleur face à cet ultime*
*voyage.*


*Seule, mon âme en peine dérive vers des*
*contrées lointaines.*
*Je me souviens d'une image aimante,*
*naturelle, d'une délicatesse extrême envers*
*moi.*
*Mais cela est tellement loin à présent, que*
*l'heure est venue*
*Pour moi de quitter cette solitude mortelle,*
*De quitter cet enfer capricieux,*
*Afin de m'envoler vers d'autres cieux...*

# UN AMOUR PASSÉ

*Un amour est passé,*
*Des mois, des années,*
*Il ne me reste que ses souvenirs*
*Du passé pour y penser.*
*Malgré ce comportement déplacé,*
*J'ai appris de mes erreurs.*
*Tant de choses à me faire pardonner.*


*Aujourd'hui, le temps a passé,*
*L'eau a coulé sous les ponts,*
*Et pourtant, ses blessures sont ancrées*
*Dans son cœur,*
*Mais l'instant de vérité a sonné,*
*Tant de choses à se dire,*
*Tant de choses à écouter,*
*L'amertume m'envahit.*

Mais qu'importe après tout, je l'ai mérité.
Ses reproches m'assassinent,
Sans réactions aucune, je ne sais quoi
déclarer.
Si ce n'est le pardon que j'ai imploré,
Lors de mes prières,
L'un des souhaits qui m'étaient chers.


Aujourd'hui, je me sens en paix
Avec ma conscience,
Qui m'était déficience.
Pardonner n'est pas chose facile,
Néanmoins, il peut être prémisse
D'un nouveau départ...

# UNE AMITIÉ ÉTERNELLE

*Aujourd'hui, c'est un jour particulier,*
*Celui du début de notre belle amitié.*
*Je ne peux m'empêcher de penser,*
*À toutes ces années où l'on a tant partagé,*
*Ces années où l'on s'est tant aimé,*
*Ces années où l'on s'est tant marré,*
*Ces années où l'on a tant rêvé.*

*Aujourd'hui, c'est avec le cœur meurtri,*
*Que ma plume s'ouvre « À cœur ouvert »,*
*Pour me rappeler tous ses souvenirs,*
*Que tu m'avais offerts,*
*Et qui resteront à jamais gravés dans mon*
*cœur.*

*Tes dix premières années,*
*Tu ne les as pas vues passées,*
*Tu as poussé tout doucement,*
*Rêvant à quand tu seras grand…*


*Et tous ses rêves imaginés,*
*Qui te faisaient enthousiasmer.*
*Les dix années suivantes*
*Étaient encore plus belles et charmantes.*
*Malgré le passage de l'adolescence,*
*C'était l'époque des joies intenses.*


*Une simple renaissance*
*Provoquant cette aisance*
*Et ce caractère si effervescent,*
*Qui te dessinait cette personnalité*
*Aussi généreuse et habitée.*
*Dix années de plus, se sont écoulées,*
*L'âge adulte a commencé…*

*L'enfance a fait son temps,*
*Toi qui croquais la vie à pleines dents.*
*Je ne pouvais m'imaginer,*
*Qu'en ce jour si particulier,*
*Tu ne sois plus là pour me guider,*
*Vers ce chemin extrêmement merveilleux qui*
*nous était offert.*


*Le destin t'a foudroyé,*
*Et c'est toute une vie qui s'est désemparée.*
*Malgré cette distance qui nous sépare*
*aujourd'hui, je pense à toi en ce jour si*
*particulier.*
*J'espère que tu reposes en paix et que cette*
*vie au paradis*
*T'a métamorphosé en ange gardien,*
*Et qu'ainsi, chaque jour, tu protèges ceux*
*qui te sont chers.*

*Loin de moi, tu resteras dans mon cœur*
*jusqu'à la nuit des temps.*

# *RUPTURE*

*Lorsque je te regarde au plus profond de tes*
*yeux,*
*La douleur s'installe jusque dans les cieux.*
*À tel point, mon cœur se déchire,*
*Sous la douce résonance de ta voix.*
*Je sais que le temps a passé,*
*Mais j'ai toujours cette tristesse,*
*De notre histoire d'amour, après tout ce*
*temps.*

*Je pensais que je ne ressentirais plus ce*
*sentiment amoureux.*
*Le temps n'efface rien.*
*Aujourd'hui, je suis malheureux,*
*Tout a changé, ta présence me manque*
*tellement.*
*Ton sourire me manque assurément.*

*Aujourd'hui, plus rien n'est comme avant.*
*Cette douleur si intense me transperce le*
*cœur,*
*Que je pourrais en mourir,*
*Tant cela me fait mal.*
*Malheureusement pour moi, j'ai tout perdu*
*en ce jour.*
*Que me reste-t-il à présent ?*


*De la souffrance en continu.*
*Des torrents de larmes en guise de sentence.*
*J'ai été naïf de croire,*
*Que nous serions heureux ensemble.*
*J'avais tant d'espoirs en notre histoire,*
*Que j'avais misée toute ma vie pour toi,*
*La chute devenait si grande,*
*Que la noirceur m'envahissait.*
*À ce moment-là, c'était le signe du désespoir.*
*Mon cœur se met à brûler*
*De cet amour tellement rêvé.*

Maintenant, je n'ai plus goût à rien.
Tant cette rupture se dessine
Au plus profond de moi.
Celle-ci m'en sera même destructrice.
Aujourd'hui, je me remplis de toute cette
colère,
Que je ne peux pas évacuer.
Si tu savais à quel point, mon amour pour toi
devenait assurément grand.
Cette étincelle m'apportait l'espoir d'obtenir,
Enfin une chance d'être heureux,
Mais en une fraction de seconde,
Tout, c'est écroulé tel un château de cartes.


J'ai vraiment envié certaines choses,
Que je me suis brûlées les ailes.
J'ai sans nul doute péché par l'envie
d'aimer.
L'envie d'être aimé.
Désormais, il ne reste que ce souvenir
douloureux.

*Pourquoi espérer des choses ?*
*Pourquoi croire en l'amour ?*
*Pourquoi penser en une renaissance ?*


*Aujourd'hui, il y a ce mal si profond,*
*Qu'il en devient ma peine maximale.*
*Si nous supposons que le véritable amour*
*n'a pas de fin misérable*
*Alors, c'est qu'il est inéluctable.*
*Maintenant, il ne me reste qu'à signer ma*
*révérence et cette rupture à la vie...*

# UN AMI POUR LA VIE

*Un instant pour me recueillir.*
*Une pensée qui me fait souffrir.*
*Tu étais mon ami.*
*Tu es à présent parti,*
*Nous laissant ainsi avec la dure réalité de la*
*vie.*
*Maintenant, mon cœur est meurtri*
*À jamais, quand serait-il autrement ?*

*Toi qui étais si aimant.*
*Toi qui étais si souriant.*
*Toi qui étais si charmant.*
*Chaque jour, tu réalisais tes rêves d'enfants.*
*À présent, que tu es parti, tu me manques*
*terriblement.*

*Il ne se passe pas une journée sans que je ne
pense pas,
À ce merveilleux garçon que tu étais.
Moi, tu m'as fait rêver.
Tu as réussi à illuminer,
Une partie de ma vie, qui était cachée au
fond de moi
Et pourtant, tu avais le choix.*

*Ta dévotion et ta fidélité,
Nous faisaient avancer avec élégance.
Ton amour était une reconnaissance.
Notre amitié fut une renaissance.
Aujourd'hui, le temps a passé
Mon Cher Ami, mais je ne t'ai pas oublié.
Dans mon cœur, notre histoire est gravée
pour l'éternité...*

# MA PEINE MAXIMUM

Hier, cela faisait un mois jour pour jour que
la vie de certains
Bascula, que des familles vivent depuis dans
le chagrin,
C'est toute une génération qui s'éteignait un
soir
De novembre, que chacune des familles
vivait dans l'espoir
De revoir leurs proches, mais qu'il n'en
serait rien.

Aujourd'hui, cela en devient même ma peine
maximum
À tel point, que tous mes souvenirs de cet
atrium
Sont partis en fumée en l'espace de quelques
instants.

*Ce lieu si mythique, qui nous faisait tant*
*rêver,*
*Balayé par des rafales de tirs, m'arracha le*
*cœur.*


*Aujourd'hui, il y a l'inacceptable qui a tout*
*bousculé,*
*Celui qui vient nous reprendre tout ce que*
*l'on nous a donné,*
*Celui qui nous laisse cette sensation*
*d'inachevée.*


*Aujourd'hui, il y a cette terrible injustice qui*
*a foudroyé nos vies*
*Et qui nous a effacé nos plus grandes envies.*
*Hier, j'étais présent au Bataclan,*
*Un endroit qui actuellement, n'est plus que*
*lieu de recueillement.*

*J'ai eu tellement mal que ma peine en était*
*maximum.*
*En l'espace de quelques instants, ma vie*
*défila tel un album*
*Étant feuilleté, afin de me rappeler ce*
*qu'était ce lieu mythique.*
*Un lieu remplit de joie et de musique.*

*Hier, mon cœur saignait lorsque la nuit*
*tombait,*
*Mes larmes me prévenaient qu'elles*
*arrivaient*
*En regardant ces milliers de fleurs, ces*
*bougies tout illuminées,*
*Ces drapeaux, ces photos et messages venus*
*du monde entier*
*Me rappelaient que l'amour serait toujours*
*cette moitié de nous qui reste.*

# COEUR BRISÉ

*Un cœur s'est totalement détruit,*
*Depuis que cette progéniture nous a quittées.*
*Le temps a passé*
*Et pourtant, je ne peux t'oublier.*
*En effet, mes souvenirs se sont enfouis*
*Au fond de mon cœur.*
*Je pense tellement à toi que je pleure*
*Ton absence, tu me manques*
*Tellement que parfois, j'entends tes petits*
*battements.*
*Je ne te reverrai jamais.*
*De temps en temps, je me demande.*
*Comment vais-je combler ce vide que tu as*
*laissé ?*
*Ma raison trépasse devant ce tremblement,*
*Qui a dévasté toute ma vie*
*Et toutes ces envies*

*Qui s'étaient dessinées à moi.*
*Tu vas me manquer mon enfant.*


*Un jour, je ressentirais peut-être cette joie*
*qui nous comprend.*
*Ce bien-être qu'on trouve à connaître.*
*Cette libération qui nous suspend*
*À enivrer, ce plaisir dangereux qui*
*longtemps éblouira nos yeux,*
*Ainsi que ce chemin étoilé qui se rêve par ce*
*bonheur qui se lève.*
*Plus les années passent et plus je réalise*
*cette chance que j'avais de t'avoir.*
*Parfois, je garde espoir que l'on se*
*retrouvera.*
*Mais cela n'est qu'un leurre, car mes*
*souvenirs ne cessent de me hanter.*
*Tu vas me manquer tellement*
*Que stratégiquement, je garde espoir qu'un*
*jour, je te prendrais de nouveau dans mes*
*bras et que je guiderais tes premiers pas...*

28

# LAURIE UN ANGE ÉTOILÉ

*Lumière de la vie, tu étais un vrai rayon de*
*soleil,*
*Ton regard était une formidable raison de*
*nous rendre heureux,*
*Ce qui faisait beaucoup d'envieux.*
*Ton regard transperçait le cœur de chacun,*
*ce qui nous faisait un véritable accueil.*


*Altruiste et sophistiquée, tu dégageais un*
*charme fou.*
*Ton savoir-faire et ta joie de vivre nous*
*rendaient d'humeur sympathique,*
*À tel point que tu nous faisais voyager dans*
*ton univers paradisiaque.*
*Ton cœur était un vrai bijou*
*Unique que tu nous offrais.*

*Tes yeux étaient une étoile illuminée en permanence,*
*Ce qui nous provoquait une telle effervescence,*
*En admirant cette beauté qui nous tutoyait du regard.*
*Dans mon cœur, dans ma vie, tu étais mon hirondelle, celle qui enthousiasmait ma vie.*
*C'est pourquoi tu resteras dans mon cœur pour l'éternité...*

*Radieuse, tu étais une vraie leçon de vie,*
*Ce qui te rendait unique aux yeux de tous.*
*Émotive, sensible et adaptable, tu étais toujours à l'écoute de tes amis.*
*Indispensable pour chacun d'entre nous, tu étais une lumière,*
*Une personne si chère*
*à nos yeux, à présent, tu nous manqueras énormément.*

*Épicurienne, tu croquais la vie à pleines dents.*
*Ton regard était le fil conducteur de l'amour que tu portais à chacun d'entre nous.*
*Ton cœur était une merveille qui restera à jamais gravée dans l'histoire de nos cœurs.*
*Aujourd'hui, un manque terrible se ressent, toi qui étais un véritable petit ange, tu nous protégeras depuis le paradis éternel...*

*Je dédie ce poème à mon amie Laurie qui nous a quittées très tôt. Tu vas nous manquer ma douceur. Chris*

# LE CHEMIN DE LA PAIX

*Aujourd'hui, c'est l'achèvement d'une*
*aventure, aucune misère ne se profile.*
*Mon cœur apathique signe le dénouement*
*d'une lutte condamnée d'avance.*
*À ce jour, c'est toute mon existence qui est*
*remplie de souffrances.*
*Une âme brisée,*
*Une santé à l'agonie,*
*Un cœur éreinté,*
*Un souffle coupé,*
*Une allégresse harassée.*
*Une vie aisément atonique,*
*Seule la meilleure Odyssée jusqu'au sommeil*
*perpétuel m'attend.*
*En effet, la faucheuse m'a crucifié*
*En plein cœur jusqu'à cet ultime silence,*
*Qui mettait un terme à ma destinée.*

*Aujourd'hui, c'est au mausolée infini que*
*mon âme reposante s'écrit.*
*L'apaisement m'abrite,*
*Le silence m'émerveille,*
*Le voyage est pacifique.*
*Aujourd'hui, je suis en paix avec moi-même.*
*À présent, je peux affirmer que je suis un*
*ange somnolent au nirvana*
*Et que le dernier voyage est définitivement*
*éternel...*

# *ÉCLIPSE*

*En ce jour, mon dernier espoir est parti en
fumée,*
*Une bataille a échoué prématurément,*
*La maladie m'a emporté à ses côtés.*
*Cette douleur grandit incommensurablement
chaque instant.*
*Une vie dévastée, une vie misérable,*
*Chaque pensée comme symbole devant cette
route sinistre sur laquelle je voyage.*
*Touché en plein cœur, jusqu'à cet ultime
soupir, il est temps de m'éclipser.*
*La faucheuse m'a emmené vers la tombe
éternelle.*
*À présent, mes pensées ne sont plus que des
hallucinations, sous ma vague à l'âme
coulant de source.*

*Que me reste-t-il ?*
*Un esprit endormit dans le paradis éternel,*
*Où à la fin toute vie est juste immortelle.*
*Pourquoi espérer des choses ?*
*Aujourd'hui, le masque tombe afin de me*
*rendre.*
*Il n'y a aucune raison de croire que les*
*choses s'amélioreront quand ta vie est*
*remplie de malheurs.*


*Chaque jour, il n'y a que de la souffrance.*
*Mes souvenirs se voilent,*
*Cela fait une éclipse.*
*Un déclin complet,*
*La solitude au rythme des flammes se*
*consume lentement.*
*Mon esprit chérit le berceau de l'éternité.*

*J'avance sur ce nouveau chemin,*
*Je vois cette blancheur,*
*Celle-ci est une phase immuable,*
*Pour retrouver la paix intérieure.*
*Une vie qui s'arrête pour un jour nouveau*
*qui commence.*
*Mon cœur était un désert permanent,*
*Qu'il en souffrait tellement.*
*À présent, ce cœur est de nouveau*
*majestueux au royaume des archanges.*

# LE COEUR SERRÉ

*Aujourd'hui, mon cœur se serre pour aller
doucement vers des terres lointaines,
Afin d'effacer tous les péchés
Accumulés pendant un certain temps.
Je veux juste voler à travers le vent
Telle une colombe libérée de sa cage,
Pour atteindre le paradis éternel,
Pour retrouver la paix intérieure.
Chaque jour est une épreuve,
Affronter cette solitude est le sacrifice
ultime.
Je suis si fatigué, s'il te plaît arrête ça,
Mets fin à ce combat,
Afin de me libérer de cette vie passée.
Aujourd'hui, mon cœur se serre,
J'ai la sensation que mes larmes
Coulent à torrent sur mon visage,*

*Celles-ci me ramènent à cette histoire du passé*
*Où je passais mon temps à t'aimer.*
*Maintenant, tu n'as plus besoin de moi,*
*Je n'ai plus besoin de toi,*
*Plus besoin de cet amour que j'ai perdu*
*À tout jamais.*
*Aujourd'hui, je fais le bilan.*
*Il n'y a aucune raison de croire que tout ira bien.*
*Tous les jours, une réelle souffrance m'oppresse,*
*Me dévore,*
*Un cœur complètement désabusé,*
*Par un destin tragique*
*Ne demandant qu'à s'arrêter et à voler vers les étoiles,*
*Pour ne plus endurer ce sentiment douloureux.*
*Sous l'écriture de ma plume, mes souvenirs s'éteignent petit à petit, afin que je redécouvre la pureté de mon cœur...*

# RETROUVAILLE CÉLESTE

*Au fil des jours, ma jeunesse s'envole avec*
*mon âme mourante ouverte à Dieu,*
*Une vie en exil,*
*D'une balle tirée en plein cœur provoque*
*quelques larmes.*
*Je sais que le destin est cruel,*
*Mais c'est l'histoire de ma vie en perdition.*
*Venant me poser sur la terre céleste,*
*Je fis défiler le temps.*
*Des flashes me ramènent à nos souvenirs*
*partagés.*


*J'imagine les retrouvailles de l'amitié.*
*Mais ce qui m'attendait été au-delà de mes*
*espérances.*

*Dans la voie céleste, je vois le reflet d'une
personne face à moi.
Elle m'attendait avec émoi.
Savez-vous quel moment de ma vie aller
s'écrire ?
Les retrouvailles avec ma maman.
La revoir m'a fait pleurer de joie.
J'attendais ce moment depuis quelque temps.
Ma vie était en souffrance permanente que
j'ai décidé de suivre le chemin du paradis
blanc,
Afin de ne plus souffrir de ce mal-être,
À droit ou à raison d'une paix intérieure.*


*J'admirais ce banc de colombes qui me
dessinait cette nouvelle destinée en guise de
bienvenue.
Je suivais cette lumière du nouveau chemin
à demi-nue.*

*Je rejoignais une heure après ces vieux apôtres ou Dieu me saluait et me disait "Entrez mon enfant".*

*Des chants religieux m'accompagnaient parmi les autres criant " Fils, quand vous voulez, votre nouvelle demeure vous attend" Je versais quelques larmes, signifiant que je rendais les armes.*

*Je donnais mon amour plein de magie dans le sommeil éternel, De ma passion berçante le calme du plat pays, Sous ma plume poétique m'abritant avec émotions. La vie est éternelle pour celui qui y croit.*

# MA PEINE INFINIE

Hier, j'ai rêvé d'un monde meilleur,
Celui qui effacerait cette douleur
Qui m'abritait depuis tout ce temps.
Hélas, ce n'était pas le cas, elle a été
emportée comme le vent.
Aujourd'hui, j'ai réalisé que ce n'était
qu'une illusion.
Au fond, rien n'a changé, toujours ce
moment singulier,
Qui me poursuit et m'assassine.
Il est malheureux de s'infliger cette peine
immense.
Tu connais la simple lumière qui s'éteint
d'un seul coup,
Celle-ci est la loi stricte de mon existence.
Cette bataille sans fin de ma vie me détruit et
me tue lentement.

*Mes désirs et rêves ont disparu dans ce narthex,*
*Une nuit de mai.*
*Que me reste-t-il aujourd'hui ?*
*Quelle route me réserve-t-elle ?*
*Comme une guerre à l'opioïde*
*Difficile à éradiquer quand même.*
*À présent, il n'y a rien à attendre de cette icône.*
*Cela est un signe.*
*Mon cœur brisé saigne,*
*Face à tout ce mal qui me torture,*
*Même la douceur d'un ange*
*Pas assez pour moi.*
*Cette douleur est profondément ancrée en moi.*
*Peu de choix dédié à moi,*
*Si ce n'est que cette plume se consume petit à petit,*
*Afin de mettre fin à cette bataille perdue,*
*Et effacer cette peine infinie !!!!!*

# MON COEUR A TELLEMENT PLEURÉ

*Mon cœur a tellement pleuré, depuis toutes*
*ces années qu'aujourd'hui, il est fatigué.*
*Mon cœur a tellement pleuré qu'il aimerait*
*tout effacer.*
*Mon cœur a tellement pleuré, qu'il est*
*abîmé.*
*Mon cœur a tellement pleuré, qu'il est*
*épuisé.*
*Mon cœur a tellement pleuré qu'il aimerait*
*se libérer.*
*Mon cœur a tellement pleuré qu'il aimerait*
*s'envoler.*
*Mon cœur a tellement pleuré qu'il aimerait*
*se délivrer.*
*Mon cœur a tellement pleuré qu'il est*
*résigné.*

*Mon cœur a tellement pleuré qu'il est prêt à vous quitter.*
*Une larme pour symbole*
*Pour un paradis comme péribole.*
*La mort n'est rien, la souffrance est pire,*
*Car elle vous tue à petit feu.*


*Mon cœur a tellement pleuré qu'il aimerait s'évader.*
*Mon cœur a tellement pleuré qu'il aimerait se détacher.*
*Mon cœur a tellement pleuré qu'il s'est brisé.*
*Mon cœur a tellement pleuré qu'il aimerait oublier.*
*Mon cœur a tellement pleuré qu'il est éreinté.*
*Mon cœur a tellement pleuré, qu'il ne peut que s'éteindre.*

*Aujourd'hui, il est la pénombre de mon âme.*
*À tel point qu'il consume ma flamme.*
*Parfois, le courage ne suffit plus, quand on a*
*mené beaucoup de batailles.*
*La seule chose que l'on aimerait, c'est que*
*tout s'arrête.*
*Se résigner, c'est tuer la douleur.*
*Savoir renoncer, c'est choisir un chemin*
*différent avec courage.*
*Mon cœur a tellement pleuré qu'il est*
*harassé.*


*Mon cœur a tellement pleuré qu'il est*
*exténué.*
*Mon cœur a tellement pleuré qu'il s'est fané.*
*Mon cœur a tellement pleuré qu'il ne peut*
*qu'abdiquer.*
*Mon cœur a tellement pleuré qu'il s'est*
*sacrifié.*
*Mon cœur a tellement pleuré qu'il s'est*
*déchiré.*

*Mon cœur a tellement pleuré, qu'il ne peut que cesser.*
*Mon cœur a tellement pleuré qu'il est l'emblème de ma souffrance.*
*Celui qui a mis fin à mon espérance.*
*La vie est un voyage à court terme, dont la mort est une signature éternelle...*

# LA FIN DU VOYAGE

*Aujourd'hui, c'est la fin de ton voyage,*
*Tu vas me manquer mon ami.*
*Notre rencontre restera atypique.*
*Notre combat restera la croisée de notre*
*destin.*
*Celui d'un chemin parsemé d'embûches et*
*de galère.*
*Aujourd'hui, c'est la fin de notre histoire*
*commune.*


*Malgré cela, tu resteras l'une de mes plus*
*belles rencontres mon ami.*
*Force, courage étaient comme abnégation,*
*gnaque, la rage d'être soi, tu resteras une*
*leçon de vie mon ami.*
*Aujourd'hui, tu es parti le premier, la*
*maladie t'a emporté, je serais le suivant.*

*Mes yeux pleurent notre souvenir commun lorsque j'aperçois cette étoile dans le ciel en pleine nuit.*
*Chaque jour était une véritable chance qui m'était offerte,*
*Ta simple gentillesse réchauffait mon cœur lorsqu'il était si sombre.*
*Ton message du matin égayait la journée par un simple bonjour,*
*Ton message du soir rendait, la nuit, plus douce.*


*Parfois, ce sont les choses si simples qui rendent la vie meilleure.*
*Aujourd'hui, c'est un ami infini qui s'envole telle une colombe intersidérale,*
*Vers un voyage universel.*
*Sache mon ami qu'on se retrouvera et qu'on chantera sous les rives de la paix.*
*À bientôt cher ami…*

# 17 ANS À LA VIE À LA MORT

*Aujourd'hui cela fait 17 ans jour pour jour,*
*que tu nous as quittées.*
*Jamais, je ne pourrais oublier ce vendredi 29*
*octobre 2004,*
*Qui a changé ma vie à tout jamais.*
*Le petit garçon que j'étais fut meurtri au*
*plus profond,*
*Je me suis construit sans toi avec force et*
*courage,*
*Comme tu l'avais si bien incarnée avant le*
*dernier voyage.*

*Aujourd'hui, ma tristesse est toujours aussi*
*grande,*
*Et même plus encore à l'heure actuelle.*
*Mais que me reste-t-il de tout cela à*
*présent ?*

*Tant de souffrances,*
*Tant de sacrifices,*
*Tant de douleurs me suivent et*
*m'accompagnent,*
*Que je me dis que certaines batailles sont*
*peines perdues,*
*Quand on a tant donné et qu'à la fin,*
*On se retrouve toujours sur des chemins*
*obscurs.*
*On n'aimerait qu'une seule chose la paix.*


*Je crois que mon destin est tout tracé, le*
*sursis n'est pas éternel...*
*Maman, j'espère qu'aujourd'hui, tu es fière*
*de l'homme que je suis devenu,*
*J'ai essayé de respecter les valeurs que tu*
*m'avais transmises,*
*De respecter la vision du monde que tu avais,*
*D'aimer, partager, essayer d'être celui que tu*
*aurais voulu que je sois.*
*J'aurais tellement aimé t'offrir bien plus que*
*ce que j'ai pu réaliser...*

*Aujourd'hui, il n'y a que des larmes*
*ruisselantes sur mes joues,*
*Des larmes teintées d'amertumes et de*
*regrets.*
*Tu étais mon modèle, mon mentor et rien*
*que pour cela,*
*Je ne t'oublierais jamais,*
*Tu le resteras pour toujours.*


*Désormais, tu es mon histoire,*
*La mort n'est rien,*
*La souffrance est pire, car elle vous tue à*
*petit feu.*
*Nul ne pourra m'envier après tout cela.*
*À jamais, dans mon cœur,*
*Rien ne nous séparera, puisque l'amour que*
*j'ai pour toi est bien plus fort que tout.*
*Je n'ai qu'une chose à te dire, on se*
*retrouvera…*
*Je t'aime Maman.*

# *SOLITAIRE*

*Un adieu prolongé ne vaut jamais la peine.*
*Au contraire, nous nous causons une vraie*
*souffrance.*
*Ce que nous prolongeons n'est pas cette*
*présence, mais le départ.*
*C'est une toute nouvelle vision de la vie.*
*Aujourd'hui, la solitude me fait du bien.*
*Je ne pense à rien.*
*J'avance à grandes enjambées,*
*Face à ce destin  me tenant en haleine.*


*J'y réfléchis puis j'agis selon la situation*
*présentée.*
*Bien sûr, que le temps a passé,*
*Que notre histoire est terminée,*
*Je ne rêve plus du bon vieux temps.*

*J'ai même oublié les chants qui me rendaient différent de notre histoire fascinante.*

*Aujourd'hui, j'ai fait le choix pour nous,*
*C'est moi qui pars.*
*Un autre chemin m'attend,*
*Même si je sais que tout s'efface,*
*Je ne suis plus à ma place.*
*Ne reviens pas me chercher,*
*Si tu m'as aimé,*
*Laisse-moi partir,*
*Laisse-moi me dire,*
*Qu'avec le temps, les larmes s'estompent.*

*Aujourd'hui, je voyage avec la solitude pour guide.*
*Celle-ci était une évidence,*
*Qui faisait la différence,*
*Un courage admirable,*

Une liberté inégalable,
Une vie en solitaire,
Qui m'était si chère.


Maintenant, je rêve d'un monde meilleur.
J'écris pour effacer mes pleurs.
Je voyage afin de retrouver un cœur,
Celui de la raison de vivre.
De nos jours, il y a tant de choses à
découvrir, à parcourir, et surtout à partager.
Moi, je n'ai qu'un souhait,
C'est de rêver,
Chaque nouveau pas est une chance,
De voler parmi ces anges
rendant le monde si merveilleux...

# UN RÊVE ENFUI

*Aujourd'hui, un rêve s'est enfui*
*Vers la voie céleste.*
*Les rêves disparaissent,*
*En un claquement de doigts.*
*Mes larmes me précèdent.*
*Vous l'avez compris une parenthèse*
*enchantée éteinte en l'espace de quelques*
*secondes.*
*Cependant, les vagues de l'autre rive me sont*
*familières.*
*Montre-moi, le chemin de la vallée de la*
*mort.*
*Nul doute que j'étais trop idéaliste de ce*
*léger confort qui habitait mon cœur,*
*Nul doute que ce rêve est trop beau pour*
*exister.*
*Mais, il y a une lumière qui me fait vivre*
*longtemps.*

*Aujourd'hui, mes souvenirs me ramènent,*
*Au crépuscule de mon cœur,*
*Où est écrite mon histoire.*
*Je crois que ce qui m'attend est un*
*dénouement tragique.*
*Un rêve écrit à l'imparfait.*
*Aujourd'hui, je veux savoir si je vais réussir*
*à vivre,*
*Avec tout ce vide qui existe déjà.*
*Ma raison est morte,*
*Mon cœur tremble,*
*Dans l'attente d'une vie meilleure.*

*Un destin bouleversé,*
*Des envies dépouillées,*
*Une vie anéantie,*
*Un amour perdu,*
*Une femme partie,*
*Un rêve s'est enfui,*
*Un soir de décembre*

*Devant cette bougie parfumée d'ambre.*
*Vous savez ce désir aventureux qui éblouit*
*nos yeux.*


*Aujourd'hui, une parenthèse charmée s'est*
*fermée.*
*Le rêve signifie tout ce qu'il a toujours*
*signifié.*
*Il est ce qu'il a constamment été.*
*Un rêve convoité,*
*Tu sais, tu seras continuellement l'étoile*
*brillante de mes rêves.*
*Celle qui m'a donné l'envie d'aimer de*
*nouveau*
*Sous ma vague à l'âme.*
*Un rêve s'est enfui,*
*Mais tu resteras dans mon cœur à jamais...*

# L'AMOUR FUYANT

Chaque jour, je me rends compte que l'espoir
d'un avenir
Radieux, s'estompe petit à petit, cela me fait
souffrir.
Un vide profond s'installe,
L'amour est fuyant,
Ce mal est foudroyant,
Dans ma vie, plus rien ne va...

Maintenant, je suis seul livré à moi-même,
Face à ce terrible dilemme qui m'est réservé.
Dès que je pense à cet idéal féminin,
Le passé me ramène,
À cette douleur profondément déchirante,
Tout s'arrête de manière fulgurante.

*Le chemin s'assombrit par de légers soubresauts,*
*Survolant ce chemin étoilé,*
*De ma souffrance.*


*Aujourd'hui, je suis seul face à ma destinée,*
*Pour encaisser cette tristesse, cette désillusion,*
*Qui me déchire le cœur.*
*Dès que je songe à écrire un conte de fées,*
*Mon cœur me fait mal,*
*Laisse-moi à présent m'abandonner,*


*Le temps est venu,*
*De mettre fin à cet amour fuyant,*
*Laisse-moi voler vers d'autres cieux,*
*Afin d'échapper à ce destin permanent,*
*Qui est l'histoire de ma vie...*

# AU REVOIR

*Aujourd'hui, c'est la fin d'une histoire,*
*Mon cœur s'est éteint.*
*Après ce terrible combat qui m'a atteint,*
*Celui-ci était peine perdue,*
*Il a bouleversé ma vie.*
*L'espace d'une fraction de seconde,*
*Le désespoir m'envahissait d'ondes*
*Négatives, il devenait même chimère.*
*Aujourd'hui, je signe mon « Au revoir »*
*Afin que mon cœur retrouve les rives de la*
*paix, chaque soir*
*Sous le berceau éternel du paradis.*
*Aujourd'hui, je souhaite simplement que*
*vous continuiez de vivre et d'apprécier les*
*bons côtés de la vie,*
*J'ai tellement envié ces moments que ceux-ci*
*m'ont accompagnés jusqu'à cet ultime*
*soupir.*

*Qui me signait l'heure du grand voyage*
*Jusqu'au repos éternel.*


*Aujourd'hui, je suis un ange*
*Subliminal, je suis la voie de la sagesse,*
*La voix d'une raison d'être,*
*La voix d'une entité parallèle à fortes*
*sensations.*
*Une vie identitaire,*
*Une vie au plus-que-parfait,*
*Une vie simplement angélique,*
*Entourés de jolies colombes et d'anges,*
*Aux pays dansants d'une seconde vie.*


*Aujourd'hui, c'est au tombeau éternel que*
*ma vie s'écrit,*
*Elle me remplit de pureté,*
*De grâce, d'un calme au soleil levant ou*
*mon âme unanime repose en paix.*

*Ne pleurez pas les amis en pensant à moi,*
*Faite juste honneur à cette foi,*
*À cet amour et ce sourire que l'on a*
*partagés.*
*N'oubliez jamais que je serais toujours à vos*
*côtés.*
*Vous regarderez le ciel et vous trouverez la*
*plus belle des étoiles scintillantes.*
*Ce sera moi et chaque fois que vous y*
*penserez, vous me trouverez...*


*Aujourd'hui, j'ai signé un « Au Revoir »,*
*Car un jour, on se retrouvera et nous*
*formerons de nouveau ce que nous étions*
*auparavant.*
*L'instant présent,*
*Pour un instinct symbolique de la vie.*
*Ça vient de là-haut,*
*C'est le plus fort des mots.*
*Au revoir…*

# D'AMOUR À D'AMITIÉ

Aujourd'hui, je pense à toi
D'une profonde tristesse, j'avais tant espéré
le choix
D'une histoire idyllique, d'un amour
passionné.
En effet, dès que je t'apercevais, mon cœur
s'emballait
À tout-va, devant ta beauté que mes yeux
s'illuminaient.


Aujourd'hui, mon cœur saigne de douleur
face à toi.
Comme un livre refermé, cela me fait peur à
présent.
J'écris ce sentiment afin d'effacer tous ces
maux
Qui m'oppressent le cœur.

*Je suis tombé sous ton charme petit à petit.*
*Il y avait un regard que je ne pouvais décrire*
*de tes yeux.*
*Mais lorsque l'on était réuni, je ressentais*
*cette alchimie mutuelle,*
*Celle-ci me transperçait le cœur.*


*Aujourd'hui, mon cœur pleure cette*
*aventure,*
*Celle qui aurait écrit notre futur,*
*Nous aurions pu avancer main dans la main,*
*Afin de construire cette belle histoire*
*d'amour,*
*Celle dont je rêvais à tes côtés.*


*Aujourd'hui, je cherche encore des réponses.*
*Dis-moi est-ce que j'ai été trop*
*entreprenant ?*
*Dis-moi est-ce que je t'ai fait peur ?*
*Ou simplement, tu n'avais pas les mêmes*
*aspirations ?*

*Aujourd'hui, je ne regrette pas d'avoir tenté*
*ma chance,*
*Celle-ci me fuyait jusqu'à présent.*
*Ton visage d'ange était mon repère.*
*Il me comblait de désirs à ton égard.*


*Aujourd'hui, je repense à ces brefs moments*
*partagés,*
*Ils étaient les plus beaux que je n'avais*
*jamais eus par le passé.*
*Tu pouvais effacer les maux qui*
*m'habitaient.*
*Tu pouvais me donner de la considération.*
*Tu pouvais me donner un peu de réconfort.*
*Tu pouvais me laisser rêver.*
*Tu me donnais un peu d'amour.*
*Te voir chaque jour était devenu un vrai*
*supplice,*
*Je ne pouvais oublier tous ces mots que tu*
*m'avais dits.*

*Difficile de t'oublier quand mes sentiments étaient si profonds,*
*Te voir chaque jour m'était douloureux,*
*Cela aurait été plus facile si ce n'était pas le cas.*

*Aujourd'hui, le temps a passé,*
*L'horizon est différent,*
*Ne penser sans cesse à ce que demain aurait pu être avec toi m'aurait tué à petit feu.*
*Aujourd'hui, je vois les choses différemment,*
*Je me dis qu'un roman d'amitié peut s'écrire, tu comptes beaucoup pour moi, Et il serait dommage de se priver d'une présence qui vous fait du bien.*
*Aujourd'hui, je ne souhaite qu'une chose.*
*Te voir heureuse, car tu le mérites tellement !!!!*

*Tu resteras à mes yeux, la plus belle rencontre que j'ai faite.*

*D'amour à d'amitié, j'espère que nous pourrons écrire une belle histoire,*
*Ta présence me sera précieuse et indispensable,*
*Tu es une personne formidable,*
*Je te souhaite au plus profond de mon cœur beaucoup de bonheurs.*
*De tous les biens, que la sagesse nous procure pour le bonheur de la vie tout entière, le plus grand, de très loin, c'est l'amitié...*

# UN VOYAGE LUNAIRE

Aujourd'hui, j'ai décidé de m'accorder un
voyage lunaire,
Afin de retrouver cette lumière qui me fait
défaut, même éphémère
Soit-elle, celle-ci me sera l'espace d'un
instant, une parenthèse enchantée.
J'avance lentement sur ce chemin éclairé où
un code d'honneur
M'attend, celui de valeurs
Si chères que je prône : amour, liberté,
respect, confiance, sincérité.


Aujourd'hui, j'ai décidé de lever toute cette
souffrance
Qui m'abrite lors de ce voyage lunaire.
À travers les étoiles, j'entrevois l'espérance
d'une nouvelle vie,

*Loin de cette douleur qui m'assène chaque jour.*
*Je découvre toute cette vérité, quitte à en payer le prix de ma vie.*
*J'aurais tant à gagner,*
*Le calme du plat pays,*
*La paix du Christ,*
*La liberté d'un rêve imaginé,*
*La reconnaissance des personnes qui m'ont aimé,*
*Ceux-ci se souviendront de l'homme que j'étais à leurs côtés.*


*Un mot me vient à l'esprit " Sacrifice",*
*Il a dicté le chemin de ma vie, tel un artifice,*
*Afin de les rendre heureux.*
*Un cœur vagabond,*
*Une blessure moribonde.*
*J'ai souvent mis en suspens ma vie,*
*Pour rendre joyeux les autres, à travers leurs envies.*

À présent, ce voyage lunaire sonne comme une révélation.
Ce voyage lunaire est une illumination.
C'est une partie de ma vie qui s'écrit par ce message subliminal.
J'ai toujours été livré à moi-même en toutes circonstances,
Seulement un ange gardien ne m'a jamais quitté.
Il m'a même sauvé des eaux à plusieurs reprises,
Comme en avril dernier ou le covid-19 s'était invité,
Comme un cadeau d'anniversaire empoisonné.
Des douleurs musculaires intensives,
Une fièvre abondante,
Une gorge irritante,
Une respiration irrégulière me coupait le souffle,
Un cœur rythmé de battements alternatifs me mettait en sursis,

Je sentais la fin arrivée,
La mort ne me faisait pas peur,
Ce moment était sans doute venu,
Le destin l'avait écrit.


Je découvrais un nouveau chemin,
Comme jamais, je n'avais aperçu
auparavant,
Il était dessiné de voiles blanches.
À cet instant, j'ai compris que ce voyage
lunaire m'emmenait vers le paradis éternel.
Je voyais un visage qui m'était familier,
Celui de ma maman qui m'était toujours
fidèle.
Croyez-moi ce face à face dans la vallée de la
mort m'a terrifié,
La solitude rythmant ma vie,
La maladie guidait mon avenir vers un
horizon inconnu.

*Je ne pensais plus à rien si ce n'était l'amour*
*que j'éprouvais envers mon idéal féminin,*
*Cette nouvelle situation me tendait les bras,*
*Ma faiblesse m'emportait petit à petit,*
*Je voyais les plus belles images de ma vie*
*défilées,*
*Maman me transmettait toute sa force pour*
*me sauver de ce virus qui m'emmenait un*
*peu plus vers le tombeau éternel.*
*Allongé sur le sol, totalement inerte,*
*j'écoutais le chant des colombes,*
*Comme harmonie orchestrale,*
*Maman était constamment présente et me*
*disait*
*" Bats-toi mon fils, Bats-toi,*
*La partie n'est pas encore terminée,*
*Pense à l'amour que tu ressens pour cette*
*fille,*
*Il te donnera une raison de vivre,*
*D'espérer, même s'il est impossible*
*aujourd'hui,*
*Il peut l'être demain,*

*Afin de vivre des jours heureux.*
*Tu as tant de choses à découvrir, à partager,*
*à aimer, Bats-toi mon fils... "*


*Ce voyage lunaire était complètement inédit.*
*Jamais, je n'aurais pensé un jour être si*
*proche de la mort.*
*Et pourtant, j'avais déjà mené une grande*
*bataille*
*Qui aurait déjà pu me coûter la vie, il y a*
*quelque temps.*
*Ce virus m'était foudroyant,*
*L'espace d'un instant, je me baladais sur un*
*destrier d'argent,*
*Dans un monde parallèle itinérant.*
*Maman était là près de moi à traverser*
*tempêtes et bourrasques*
*Afin de ne pas être seul face à ce destin*
*énigmatique.*

*Aujourd'hui, je repense à cette période critique,*
*Ce voyage lunaire était fascinant.*
*Il m'a permis de comprendre que la vie peut être très cruelle,*
*Mais qu'elle peut être source d'espérance,*
*Quand on a la force nécessaire de poursuivre le chemin avec force, détermination et volonté.*
*Merci maman pour toutes ces fois où tu m'as sauvé,*
*Grâce à toi je suis un miraculé,*
*Tu es la leçon de ma vie.....*

# LE TEMPS PASSE

*À présent que tu es parti, le temps passe.*
*Mon cœur est toujours en perdition.*
*Sans toi, ma vie n'a plus aucun sens.*
*Aujourd'hui, je suis à contre-courant.*
*Nous avions partagé tant de choses*
*ensemble.*
*J'avais enfin misé sur l'espoir d'être*
*heureux.*
*Moi qui étais malheureux.*


*Hélas, le passé me rattrape.*
*C'est l'éternel recommencement de ma vie.*
*À croire que c'est le destin qui m'est réservé.*
*Je n'ai jamais cessé de pleurer.*
*Je réalise simplement qu'aimer*
*Est une malédiction pour moi, le mal aimé.*

Aujourd'hui, le temps passe.
Je ne peux effacer de ma mémoire,
Tout ce que tu m'avais dit un dimanche soir.
Tu seras régulièrement présente dans mon
cœur.
Le temps passe, je m'inflige des supplices,
Puis je me lasse de ce désamour,
Qui me condamne un peu plus chaque jour.


Le temps passe, je suis constamment en
pleurs.
Ton affection me manque chaque heure.
Ma tristesse paraît infinie, moi le mal aimé.
J'ai la solitude pour emblème.
J'aimerais ne plus souffrir, mais le temps
passe.
On ne va pas se mentir, c'est le dilemme de
ma vie.
Les ombres noires me guettent.
Le désespoir m'abrite.

*Ce jour est le plus douloureux de mon*
*existence.*
*Mon cœur est détruit à jamais.*


*Le temps passe, les cicatrices encore*
*présentes.*
*Mes émotions aux abonnés absents.*
*Si ce n'est cette tristesse qui me dévore,*
*Un peu plus chaque jour et me déshonore.*
*Aujourd'hui, je suis totalement ailleurs.*
*Cette douleur a bousculé ma vie,*
*Et toutes ces envies,*
*Que j'avais dessinées ainsi que les contours*
*de l'amour,*
*Que j'idéalisais vers le futur.*


*Le temps passe, j'aimerais tellement que tu*
*reviennes à travers le vent.*
*Hélas, ce souhait est irréalisable.*
*Il est le berceau du paradis éternel.*

Le temps passe, je n'ai que ses souvenirs
pour me rappeler les fabuleux moments que
l'on a partagés.


Aujourd'hui, je suis le mal aimé.
Celui que l'on veut oublier.
Le temps passe, la vie n'est pas un long
fleuve tranquille,
Il est le torrent de l'enfer,
À mes yeux, c'est vrai quand on n'a que de
la souffrance dans sa vie,
Pourquoi croire que les lendemains seraient
meilleurs ?
La seule chose que l'on désire, c'est de
mettre fin à ce supplice,
Le temps passe, c'est l'ultime sacrifice qui
s'écrit,
Celui de la fin d'une vie...

# FACE À LA MORT

En ce vendredi 29 octobre, mon cœur me
ramène dans le passé.
17 ans se sont écoulés,
La mort me guette chaque jour.
J'ai perdu la tête et sa raison d'être.
Ma peine m'envahit, un peu plus chaque
jour.
Parfois, il y a des combats perdus d'avance.
Lorsque l'on a tout donné,
On n'a qu'une envie,
C'est que tout s'arrête.
Cette souffrance est tellement grande,
Qu'on ne souhaite qu'y mettre un terme.
Chaque jour, mon cœur se consume à petit
feu,
Un corps sans vie,
Cela me fait mal depuis tant d'années.

*Je ferme les yeux et j'imagine que c'est la fin.*
*J'ai des images dans la tête et j'aimerais que cela cesse,*
*Mais en vain, toujours ce passé qui me rattrape,*
*Des souvenirs en continu me reviennent,*
*Ces moments gravés dans ma tête me transpercent le cœur.*
*J'ai perdu la raison d'être.*


*Où est le chemin de la vie ?*
*Où est le chemin de l'amour ?*
*Où est le chemin du bonheur ?*
*Ces questions sont restées sans réponse.*
*Un seul chemin m'est prédestiné celui de la souffrance.*
*Quoiqu'il advienne, je n'ai pas peur de la mort.*
*J'ai perdu la clé de la vie.*

*Depuis quelque temps, déjà, celle-ci est en*
*sursis.*
*Quoiqu'il advienne, c'est une partie*
*intégrante de mon histoire.*


*Celle-ci a disparu durant toutes ces années.*
*Je n'ai jamais retrouvé cette raison d'être.*
*Le regard livide, voilà ce qui me caractérise.*
*Il est le symbole des cicatrices de ma vie,*
*Un cœur aride sans saveur,*
*Qui s'éteint lentement.*
*Sur mes joues, les larmes me précèdent,*
*Telle une rivière s'écoulant à torrent.*
*J'ai cette douleur pénétrante dans ma tête et*
*j'aimerais que celle-ci cesse.*


*Pourquoi vivre quand plus rien ne vous*
*retient ?*
*Aujourd'hui, je n'ai qu'un souhait,*
*Celui de trouver la clé de la paix.*

*Un ange m'attend, il sera symbole de retrouvailles.*
*Quoiqu'il advienne, il apaisera ma souffrance pour l'éternité.*
*Je ferme les yeux afin de m'envoler vers les cieux...*

# MOURIR D'AMOUR

*J'avais imaginé une belle histoire d'amour*
*entre nous, mais le temps m'a donné tort,*
*Et pourtant quelque chose de fort, c'était*
*passé.*
*Jamais je n'avais ressenti des sentiments*
*aussi profonds pour une femme,*
*La flamme de l'amour était de nouveau*
*présente en moi, jusqu'à ce soir de décembre*
*où la sentence est tombée.*
*Mes larmes me prévenaient devant cette*
*désillusion profonde,*
*Le ciel était obscurci,*
*Mon cœur s'était brisé,*
*Car cette fille représentait tout ce que j'avais*
*recherché depuis tant d'années.*
*Belle, douce, remplie de tendresse, elle*
*illuminait ma vie depuis quelque temps,*

*Pour elle, j'aurais pu prendre une balle,*
*À croire que mon cœur s'emballe,*
*Devant cette effervescence qu'est l'amour.*


*Aujourd'hui, mon cœur est rempli de*
*déception,*
*Mourir d'amour est le destin qui m'est*
*réservé.*
*Que me reste-t-il à présent ?*
*Pourquoi espérer des choses ?*
*Pourquoi croire en l'amour ?*
*Depuis toutes ces années, je l'ai recherché,*
*Et je ne l'ai jamais retrouvé.*
*À croire que ma destinée est d'être seule.*


*Mourir d'amour est le syndrome qui*
*m'attend,*
*Chaque jour n'est que souffrance,*
*La solitude rythme ma vie en flagrance,*

*La petite flamme qui me subsistait se consume petit à petit.*
*Aujourd'hui, il ne me reste que ce mal-être en moi,*
*Aucune raison de vivre, espérer, aimer, rêver,*
*Mourir d'amour est la fin de mes jours...*
*Ce jour-là, je m'envolerais telle une colombe et je ne reviendrais jamais.*
*Tu te souviendras de l'estime que j'avais pour toi.*
*Tu te souviendras que je t'avais ouvert mon cœur,*
*Comme jamais je ne l'avais fait auparavant.*
*Tu te souviendras de l'amour que je ressentais pour toi.*


*Mourir d'amour, c'est le chemin qui m'est écrit,*
*Tu pleureras quand tu regarderas ma photo,*
*Tu pleureras devant nos souvenirs partagés.*
*Je te manquerais quand tu seras seule.*

*Tu ne verras plus ce regard qui t'était destiné.*
*Tu n'entendras plus ma voix, mes rires,*
*Il n'y aura que des larmes, une fois que j'aurais rendu les armes.*
*Un jour, je te manquerais comme toi, tu me manques à présent.*


*Mourir d'amour est la boussole de mon temps.*
*Je ne serais plus là pour te parler,*
*Te faire rire, te complimenter,*
*Te demander pardon de tout cela,*
*Sans toi, je n'ai aucune raison de vivre,*
*Je serais parti depuis longtemps sans que tu ne le saches et je ne reviendrais jamais.*
*Souviens-toi de moi, pour ma folie,*
*Pour l'amour que j'éprouvais pour toi,*
*Pour ma gentillesse qui t'accompagnera pour toujours.*

*Je t'aimerais d'un amour silencieux,*
*Mon cœur s'éteint lentement.*
*Mes yeux se ferment à jamais.*
*Mourir d'amour est la fin du voyage...*

# LE JOUR D' APRÈS

*Souffrance,*
*Impertinence,*
*Mes yeux pleurent lorsque je t'aperçois*
*comme cette pluie diluvienne à torrent.*
*Tout comme ce cœur enchaîné de douleurs,*
*Qui me retient durant des heures.*
*Mais ça ne se voit pas...*


*Je meurs en silence, quel qu'en soit le prix,*
*Il me tarde de retrouver la paix,*
*S'évader serait le berceau du paradis*
*Éternel, celui de la liberté retrouvée,*
*Afin d'y voir la lumière originelle,*
*Le jour d'après...*

*Tu étais la femme de ma vie,*
*Tu étais la flamme de mes envies,*
*Celle pour qui j'aurais pris une balle pour te*
*préserver,*
*Tu étais l'ange des mille et une nuits.*
*Aujourd'hui, ton amour me fuit,*
*Plus aucune raison de vivre,*
*Ton silence est une offense,*
*À l'amour que je te portais.*


*Chaque jour n'est que souffrance,*
*En ton absence.*
*Mon cœur en totale perdition, prêt à briser*
*les chaînes,*
*Ne demande qu'à cesser ce naufrage,*
*Cet amour n'était finalement que de passage,*
*Le jour d'après serait une véritable chance,*
*S'envoler vers le ciel*
*Apaiserait cet amour partiel,*

*Qui m'était blessure, se relever, se libérer de*
*ta présence le jour d'après effacera peu à*
*peu cette douleur qui me faisait peur.*


*Aujourd'hui, je renais à travers ce chemin*
*blanc,*
*Il m'est calme, doux et reposant,*
*Le jour d'après me réchauffera le cœur, à tel*
*point que j'y verrais la béatitude de la vie.*
*Présentement, ma peine s'évade sous la*
*douceur des chants de colombes qui l'efface,*
*mais ça ne se voit pas...*


*Actuellement, je voyage*
*Comme un mirage*
*dans le ciel, je suis ce nouveau chemin*
*Qui me tend la main.*
*Celui d'une nouvelle vie,*
*En effet mon cœur s'accélère,*
*Après cette liberté retrouvée dans les airs.*

*Le jour d'après, je serais un ange sublimant l'univers.*
*Sache que je serais l'étoile que tu ne pourras plus atteindre.*
*Et cela se verra, car elle signifiera la fin de ma vie...*

# LE POÈTE MALHEUREUX

Aujourd'hui, mon cœur est désenchanté,
Devant ce chemin sinistre qui se dessine,
Le chagrin est la désillusion de ma vie.
Plus rien n'est comme avant, il y a des
blessures profondes que l'on ne peut effacer,
Celles-ci reflètent ce que nous sommes.
Actuellement, le courage me fuit,
Un cœur totalement à la dérive,
Face à cet amour brisé.
La colère m'envahit.
Pourquoi ? Pourquoi ? Mais pourquoi ?
J'ai le sentiment d'être maudit.
Jamais, je ne serais heureux.
Je suis le poète malheureux.


Les années se suivent et se ressemblent,
Toujours une seule adresse,

*Celle de la tristesse,*
*Sache que mon cœur est fatigué de cette*
*souffrance comme enseigne.*
*À ce jour, je me demande encore « comment*
*fais-je pour encaisser tout ce mal-être qui me*
*balaye telle une tornade ? »*
*Vous me direz « tu as un grand cœur,*
*C'est sans doute pour cela que tu arrives à*
*tempérer cette douleur permanente. »*
*J'avais tellement misé sur cette histoire,*
*qu'elle m'offrait l'espoir*
*d'une nouvelle vie.*
*Hélas, c'est le désespoir qui s'est produit,*
*Parce que c'était écrit.*
*Je suis le poète malheureux.*


*Je suis un malchanceux, l'amour me fuit,*
*La solitude me guette,*
*L'amour que je convoitais restera un rêve au*
*destin brisé.*

*Admirable à regarder cette princesse me*
*transperçait le cœur,*
*Par sa beauté sans pareille,*
*Ce moment divin me secoue, la découverte*
*était magique, nul ne pouvait résister*
*à ce regard charmé,*
*Tant d'amours se définissaient dans mes*
*yeux émerveillés,*
*Avant que cela ne devienne que des larmes*
*ruisselant sur mon visage.*


*Cette sentence était irrévocable,*
*La lumière se consumait rapidement,*
*Le mal était fait.*
*Telle une balle tirée en plein cœur,*
*Celui-ci saignait de douleurs.*
*Je suis le poète malheureux,*
*Celui qui écrit ses souffrances,*
*En flagrance,*
*Papier et crayon sont l'histoire de ma vie...*

# SANS UNE FEMME

Un soir d'août, j'étais assis à la plage
Marbella, à observer l'horizon de la mer,
celle-ci me tutoyait du regard à la belle étoile
afin de refaire le monde.
Malgré le temps passé,
Il y a des douleurs que l'on ne peut oublier,
et celles-ci reflètent ce que nous sommes.
Mon cœur a tellement souffert qu'il préfère
rester sans une femme.
C'est quand, tu es seul que tu t'aperçois que
c'est un peu mieux, aucune personne pour te
trahir, te commander, te dicter ta vie, en
somme une liberté retrouvée que nul autre
ne peut m'envier.
Mon cœur a tant pleuré cette histoire
d'amour qu'il préfère rester sans une femme
afin de retrouver une joie de vivre, avancer
pas à pas, effacer cette histoire du passé,

*Comme la mer s'écrasant sur le rivage, dans le but de faire disparaître toute trace de sable.*

*Aujourd'hui, mon cœur est en reconstruction, qu'il préfère rester sans une femme, car c'est elle qui l'a fait souffrir.*

*À présent, c'est comme cela que j'essaye d'oublier : voyager, rêver, écrire toutes ces choses que je n'ai pas osé faire par le passé, contempler le ciel, observer la nature, voilà ce qui m'apaise.*

*C'est pourquoi il est préférable de rester sans une femme, car c'est elle qui m'a fait mourir à petit feu.*

*Personne ne me reconnaissait, mon cœur aride comme la pierre, sachez qu'il en avait trop souffert.*

*À présent, je peux m'amuser, rire et penser à ce que demain serai sans une femme...*

# LOIN DE MOI

*Lorsque tu es loin de moi, ton visage*
*obscurci ma raison d'être.*
*Quand tu es loin de moi, ton regard s'éloigne*
*dans des contrées lointaines.*
*Puisque tu es loin de moi, ton sourire me*
*disparaît.*
*Comme tu es loin de moi, tu me fais de la*
*peine.*
*Lorsque tu es loin de moi, je me sens si seul.*
*Quand tu es loin de moi, je ne peux*
*m'arrêter de pleurer.*
*Comme tu es loin de moi, je vois la vie en*
*noir.*
*Puisque tu es loin de moi, je me sens couper*
*les ailes.*
*Lorsque tu es loin de moi, je souffre d'une*
*vie malheureuse.*

*Dès que tu es loin de moi, ta beauté m'est douloureuse.*
*Parce que tu es loin de moi, je me sens déprimé.*
*Comme tu es loin de moi, c'est un véritable supplice.*
*Quand tu es loin de moi, mon cœur s'éteint.*
*Puisque tu es loin de moi, tu inondes mes pensées.*
*Comme tu es loin de moi, je ne peux m'empêcher de te chercher.*
*Dès que tu es loin de moi, ta voix m'est absente.*
*Comme tu es loin de moi, je me sens démuni.*
*Loin de moi, je ne veux que mourir...*

# ENTRE LES LIGNES

Seul, je voyage près du rivage
À contempler mon âme en peine,
Sous un déluge
Qui m'assène.
C'est écrit, je lutte contre vents et marées
Depuis bien longtemps, face à un destin
totalement brisé
Par ces chimères,
Celles-ci me transpercent le cœur,
Celles-ci me consument pas à pas.
L'histoire est écrite,
Il est temps de tirer ma révérence.
C'est pourquoi, j'ai décidé de m'en aller à
contre-courant
Par ce temps glacial
Et de tout quitter en secret.

*Ce moment est crucial,*
*J'ai consulté des mages,*
*Qui ont éclairé mes pensées*
*Les plus distinguées.*
*Malgré ce sillage*
*Où tout, m'était bouleversé,*
*J'en ai même remué ciel et terre afin de*
*découvrir ce que le sort pouvait me réserver.*
*Une illumination m'a donné la clé de*
*l'avenir.*
*C'est dans les lignes de mes mains,*
*Que c'était écrit mon destin,*
*Celui d'un nouveau chemin*
*Tellement imaginé avec ma bien-aimée.*
*C'est dans les yeux de quelqu'un que l'on*
*peut y voir l'amour.*
*Cet ange m'était béni des dieux,*
*Dans le paradis blanc,*
*J'apercevais des lumières éphémères,*
*Qui me rêvaient à volonté.*

*Je sais que je ne peux qu'admirer ce paysage*
*endimanché,*
*Qu'au désir des 4 matins d'un monde*
*parallèle.*
*Toujours en solitaire,*
*J'y ai souvent fait naufrage.*
*Cette image n'était qu'illusion.*
*C'est écrit, mon destin est tout tracé.*
*J'ai fréquemment subi des revers,*
*Qui m'ont anesthésié la vie.*
*J'ai même perdu la force et le courage*
*Qui faisaient celui que j'étais.*
*Aujourd'hui, je suis l'ombre de moi-même,*
*L'ombre d'une vie écrite à l'imparfait.*
*Entre les lignes, j'y vois un chemin différent,*
*Un chemin luminescent,*
*Ou j'aperçois quelqu'un pour m'accueillir*
*Dans ce nouveau monde.*
*Je devais simplement comprendre cette*
*nouvelle expression,*

*Cette nouvelle signification,*
*De ce qu'est l'amour de toujours.*
*Il me fallait comprendre ce chemin,*
*Afin d'être de nouveau en paix,*
*Car finalement, il y aura toujours quelqu'un*
*près de soi,*
*Peu importe cette distance qui nous sépare.*

# PRÈS DES ÉTOILES

*Fatigué d'être seul, livré à moi-même face à*
*ce combat perpétuel,*
*Depuis toutes ces années, mon cœur ne*
*demande qu'à abréger cette souffrance qui*
*me consume un peu plus chaque jour.*
*Ce qu'il souhaite à présent, c'est d'être au*
*plus près des étoiles afin de retrouver un peu*
*de lumière.*
*Mon cœur combat ces chimères,*
*Depuis tant d'années.*
*Aujourd'hui, il y a des combats perdus*
*d'avance.*
*Après avoir mené tant de batailles, le*
*courage ne suffit plus.*
*Parfois, il faut savoir renoncer pour effacer*
*cette souffrance.*
*Quand l'issue devient inévitable,*
*On ne souhaite qu'y mettre fin.*

*Fatigué d'être seul, mon cœur attend cette lumière des étoiles,*
*Afin de retrouver paix et harmonie.*
*J'y vois un nouveau chemin de la vie, accompagné de cette sublime colombe m'accompagnant du regard, pleine de pureté, j'y retrouve ce calme apaisant m'oubliant cette souffrance qui m'endort un peu plus chaque instant sur terre.*
*Un peu plus près des étoiles, je m'imagine d'un monde ailleurs qui m'aspire vers la galaxie des anges.*
*Un peu plus près des étoiles, je tutoie le firmament du paradis blanc.*
*J'y distingue les visages d'êtres chers, qui m'accompagnent durant ce voyage intersidéral.*
*À quoi sert la vie sans amour sur terre ?*


*Un peu plus près des étoiles, j'oublie cette douleur profonde qui me pénètre chaque jour,*

*Celle-ci efface cette noirceur qui me dessine.*
*On a tous besoin de bien-être, laisse-moi*
*rejoindre le ciel afin d'être de nouveau*
*vivant.*
*Mon cœur a tellement souffert, il aspire*
*aujourd'hui à la libération.*
*Cette souffrance profonde me dévore.*
*Cette souffrance profonde me déshonore.*
*Un peu plus près des étoiles, je n'avais*
*jamais vu de nuit aussi calme,*
*Je regarde cette lumière qui m'appelle,*
*Mes larmes me préviennent de cette légèreté*
*retrouvée.*
*Je ne risque pas de tenir longtemps.*
*Je sais déjà la distance qui m'entraîne face à*
*cette douleur qui m'enchaîne,*
*Celle-ci brisera ses chaînes.*
*Je n'avouerais jamais que certaines*
*émotions m'effraient.*
*Un peu plus près des étoiles, ma souffrance*
*se dissipe,*
*Le temps passe et casse cette carapace qui*
*m'abritait depuis plus de 10 ans.*

*Un peu plus près des étoiles, mon cœur s'accroche à cette nouvelle demeure,*
*Celle-ci me donne raison avec stupéfaction.*
*Fatigué d'être seul, mon cœur voit un peu plus près des étoiles le repos éternel dans ce monde spirituel.*

*Aujourd'hui, plus besoin de subir cette souffrance qui me rongeait de l'intérieur, vous savez ce moment cruel où tout se termine.*
*Un peu plus près des étoiles, la boucle est bouclée devant cette divinité qui m'appelle sous les chants des colombes.*
*Désormais, je suis en paix avec moi-même, cette réponse me convient.*
*Elle pénètre les ombres noires qui m'habitaient, elle efface tous ces pleurs qui m'accompagnaient, mon cœur s'est éteint sur terre.*
*À présent, il revit un peu plus près des étoiles...*

# CITATIONS

1. « La mort n'est rien, la souffrance est pire car elle vous tue à petit feu.»

2. « Parfois, le courage ne suffit plus, quand on a mené beaucoup de batailles. La seule chose que l'on aimerait c'est que tout s'arrête. »

3. « Certains diront que je suis quelqu'un de discret, c'est vrai, je n'ai jamais trouvé les mots pour les dire à voix haute, cependant écrire tous ces maux à souvent été libérateur. »

4. « *Une souffrance dissimulée est une souffrance profonde que nul ne veut révéler tant ce mal vous détruit corps et âme.* »

5. « *Ma souffrance est le combat de ma vie, il est également la force que je possède le plus intérieurement.* »

6. « *Malgré le temps passé, il y a des douleurs que l'on ne peut oublier, et celles-ci reflètent ce que nous sommes.* »

7. « *C'est quand tu es seul que tu t'aperçois que c'est mieux ainsi, personne pour te trahir. Vivre libre.* »

8. *« Les gens se servent de toi par intérêt et après quand ils ont obtenu ce qu'ils veulent et bien, ils te mettent un coup de couteau dans le dos... Ce sont sûrement ceux qui n'ont pas la valeur de la vie et encore moins de valeurs tout court, sur le coup ça fait mal, tu te demandes ce que tu as bien pu faire ou dire, mais sincèrement je ne les envies pas du tout car tôt ou tard tout se paye ! »*

9. *« Il y a des choses qui nous font mal, mais c'est dans cette douleur que l'on se forge un caractère. »*

10. *« Avec le temps, j'ai appris qu'il était primordial de prendre soin de soi avant de prendre soin des autres. À force de vouloir trop donner aux autres, on s'oublie et c'est là que personne n'est présent pour toi. »*

11. *« Chaque individu a dans sa vie son lot de souffrances, le plus difficile est la solitude. »*

12. *« À trop ouvrir son cœur, on finit souvent par se le faire briser, vous savez ce genre de sensation de n'avoir aucune valeur. »*

13. *« Un jour tout va bien et tout nous sourit et les lendemains sont difficiles. »*

14. « N'accordez jamais votre confiance à quelqu'un on arrive toujours à être déçu, même par ceux qu'on n'imaginait même pas.»

15. « Les pires trahisons viennent toujours de ceux en qui tu avais le plus confiance, c'est pourquoi il faut être méfiant quelles que soient les circonstances. »

16. « Le mal est un poison foudroyant qui ne pardonne pas, quand tout part à la dérive, c'est tout un malaise qui s'installe. »

17. « *Parfois, tu penses que tout va bien et que tout te sourit, mais en réalité derrière tout cela il y a toujours une chose ou un fait pour contrecarrer tout ce bonheur qui s'offrait à toi.* »

18. « *Ma tristesse est ma force, en somme une richesse pour combattre la vie...* »

19. « *L'espoir fait vivre, mais l'attente fait mourir.* »

20. « *La solitude est une mort lente, seul celui qui la ressent peut comprendre cette souffrance qui nous consume.* »

21. *« Le temps passe, mais les souvenirs sont ancrés en nous, mon cœur vivra toujours en toi, jamais je ne t'oublierais. »*

22. *« Tôt ou tard, la mort subvient cela fait parti de la vie, mais après cette vie une seconde vie commence le paradis éternel !!!! »*

*« Se résigner, c'est tuer la douleur. Savoir renoncer, c'est choisir un chemin différent avec courage. »*

# REMERCIEMENTS

*Je souhaite remercier mon éditeur qui me donne l'opportunité d'avancer vers mon rêve ainsi qu'à vous très chers lecteurs qui donnent un sens à celui-ci.*

*Merci à chacun d'entre vous d'être présent depuis le début pour certains d'entre-vous.*

*«A Cœur Ouvert»*

*Christopher Petit*

116

© *Copyright 2022 Christopher Petit*
*Édition : BoD – Books on Demand,*
*12/14 rond-point des Champs-Élysées,*
*75008 Paris*
*Impression : BoD - Books on Demand,*
*Norderstedt, Allemagne*
*ISBN : 9782322407774*
*Dépôt légal : Avril 2022*